27
Ln 1695.

ACADÉMIE DES JEUX FLORAUX.

ÉLOGE

DE M. LE VICOMTE DE PANAT,

Prononcé en Séance publique, le 6 Avril 1862,

Par M. Théophile DE BARBOT, un des quarante
Maineteurs.

Messieurs,

Les jours se sont succédé, et ils n'ont rien ôté au sentiment de vos regrets ni à celui de mon insuffisance à les consacrer dignement. Comme au premier moment de votre confiance, je suis arrêté à la fois par ce que j'éprouve et par ce que j'ai à dire : la grandeur de la perte trouble l'ami ; la grandeur de la tâche intimide le confrère. M. de Panat n'était pas seulement pour l'Académie un de ses zélés Mainteneurs ; il en était l'interprète, il en était la voix. Gardien de ses règlements dans nos secrètes délibérations, défenseur de ses jugements dans nos publiques fêtes, il indiquait ce que nous devions faire, il justifiait ce que nous avions fait : double mission qu'il remplit si bien durant tant d'années, et qui fut au dehors précédée et accompagnée de tant d'autres ! Tour à tour auditeur au Conseil d'Etat et secrétaire d'ambassade, chargé d'affaires, puis préfet, député, représentant, questeur,—il faudrait le suivre dans sa longue carrière, il faudrait l'y peindre, appliquant à ces fonctions diverses des dons divers comme elles, éclairant les nouveaux travaux des travaux anciens, égal à chacune de ces charges dès l'abord, supérieur bientôt ; et à la difficulté de rendre ce qu'il fut pour nous, pour notre Compagnie, se joint la difficulté de dire ce qu'il fut pour les siens, pour la société.

Samuël-Joseph-Philippe BRUNET, Vicomte DE PANAT, était né à Toulouse, le 21 mars 1787. Sa famille, considérable par elle-même et par ses alliances, représentait ces anciens seigneurs de Panat, auxquels s'appliquent en partie ces mots reproduits plus d'une fois dans les chroniques de l'Albigeois et du Rouergue : l'*Armée des trois Vicomtes;* et elle avait donné à Henri IV un de ces capitaines que ses paroles enflammaient sur le champ de bataille, et que ses lettres consolaient dans l'éloignement. Elle offrait dans l'écusson qu'elle tenait du passé, l'assemblage des armes de plusieurs maisons, et elle avait offert dans les membres qui lui avaient appartenu aux époques plus rapprochées, la réunion de ces qualités, parure de la vie privée, et ornement de la vie publique. Le grand-père, chef d'escadre, avait dignement soutenu sur les mers l'honneur de la France. Le père, après avoir quelque temps servi dans l'armée, quelque temps habité Paris, où son esprit et ses connaissances l'avaient lié avec d'Alembert, et l'avaient fait goûter par cette société du xviiie siècle, si éclairée et en même temps si aveugle, était venu s'établir à Toulouse. C'est là que la confiance de la noblesse le désigna en 1787, et il fut porté le premier sur la liste de ses députés. Il suivit aux Etats-Généraux la ligne que lui traçait son mandat, et il mourut en 1795 sur la terre étrangère, triste de la situation où il laissait son pays, où il laissait sa famille, ne sachant ce qui resterait à ses enfants des biens et de la position de leurs pères. Une portion de l'héritage devait être recueillie en entier, et l'on eut bientôt une nouvelle raison de dire : l'esprit des Panat.

Il restait aux orphelins une mère, bien digne de la famille dans laquelle elle était entrée, bien propre à compenser, autant que cela se pouvait, la perte qu'ils venaient de faire. Elle s'occupa de ses enfants avec une sollicitude éclairée ; elle fit cultiver avec soin, elle cultiva avec amour les dispositions précoces du jeune Samuël. Il annonçait ce qu'il devait être ; il montrait déjà cette aptitude à saisir, cette promptitude qui plus tard fit tenir tant d'occupations dans ses journées, tant de connaissances dans sa mémoire, qui alors y déposait les germes des moissons futures. Il passait, de lui-même, du mouvement de la récréation à l'activité de l'étude ; la tâche finie, il en commençait une autre ; et quand l'enfant manquait un moment au cercle de famille, c'est qu'il lisait dans un coin. Aux leçons des livres et des maîtres succédèrent bientôt les leçons des choses et du monde. Il reçut cette seconde éducation, complément de la première, dans la meilleure compagnie de Paris. Il y fut introduit par son oncle, le chevalier de Panat, l'un des représentants, dans les salons d'alors, de l'esprit des salons d'autrefois : l'école et le maître ne pouvaient avoir un plus intelligent élève. Le monde de Paris, à cette époque, présentait deux éléments différents, qui se mêlaient sans se confondre encore. L'ancienne société avait rapporté de l'émigration cette élégance de manières et de formes qu'elle avait emportée de France, et qui avait été pour elle à l'étranger une parure et une défense ; la nouvelle gardait l'empreinte du mouvement dont elle était sortie, de celui dans lequel les événements la faisaient vivre, bien qu'elle cherchât plutôt à reproduire qu'à innover : elle acceptait dans les salons les traditions de l'ancienne politesse, au théâtre les traditions de l'ancienne littérature ; les pièces du vieux répertoire étaient encore les pièces par excellence ; les acteurs de la Comédie-Française, encore les acteurs de prédilection. Chose remarquable, qu'à travers une révolution comme la nôtre, que sur l'autre bord, le fil des traditions mondaines ait été si promptement, si facilement renoué ! Les salons de l'Empire différaient moins de ceux du régime détruit que de ceux de nos jours. C'est que le cours lent des choses fait plus que leur débordement précipité ; c'est que dans les années qui avaient précédé, on avait eu à se demander, non pas comment on vivrait, mais si l'on vivrait : la question de fond avait emporté la question de forme ; et il n'avait pu sortir de ce chaos sanglant, ni les lumières d'une littérature nouvelle, ni les formules de nouvelles convenances.

Ils allaient donc dans ce monde divers, et dont ils recherchaient également les deux éléments, — ami et frère d'armes de l'amiral Decrès, le chevalier de Panat était à la fois l'hôte du Ministère de la Marine et l'habitué du faubourg Saint-Germain ; — ils allaient, l'oncle et le neveu, représentant en quelque sorte la tradition qui allait finir, et la transition qui commençait ; l'un, toujours de sang-froid et à l'aise, mais l'esprit toujours présent, la répartie toujours prête sous cette négligence, et faisant jaillir l'étincelle des frottements ordinaires du monde ; l'autre, animé, brillant, dépassant par moment le milieu convenu, et jetant un regard et un trait au delà, cherchant à allier l'esprit aimable et l'esprit positif.

Le Chevalier n'était pas seulement remarquable par ce bonheur d'à-propos qui a fait citer ses mots à côté de ceux de Rivarol, et qui, avec le laisser-aller de sa tenue, lui a donné une physionomie à part ; il l'était aussi par l'étendue de son instruction. *Il avait beaucoup lu, beaucoup vu, connaissait tout le monde et parlait librement de toutes choses ;* ainsi le peint un maître à la fois et un modèle, M. Villemain, dans une publication récente, destinée à rendre au glorieux rénovateur de la littérature de notre siècle, à Châteaubriand, la place que l'envie contemporaine lui disputait aux jours que je rappelle, et qu'une malveillance posthume essaie de lui ravir maintenant. Double privilége de notre grand écrivain ! Son siècle aura été pour lui injuste à deux reprises ; à deux reprises juste ! Le Chevalier appartenait à une époque où ces mots : homme d'esprit, avaient une portée et surtout une autorité qu'ils n'ont plus. C'était un titre, et c'était un rôle ; il suffisait de la conversation pour le soutenir ; écrire n'était pas nécessaire. Les appréciations du Chevalier comptaient et elles comptent encore ; l'éminent écrivain que je nommais tout à l'heure, ce juge, ce critique, les cite pour en appuyer les siennes. Elles ont, il est vrai, cela de remarquable, que le Chevalier avait connu Châteaubriand avant le grand jour de la célébrité, et qu'il avait deviné la gloire encore manuscrite.

Ce ne furent pas des heures perdues pour le futur Rapporteur de nos Concours que celles où il voyait en action, tantôt dans le monde, tantôt dans l'intimité, cette double faculté de bien juger et de bien dire. Il trouvait à la fois dans son oncle l'exemple et le contraste, le correctif de cette ardeur du jeune âge qui ne sait pas attendre, de cette manière brève et décisive que l'école de l'Empire tenait du maître ; il y trouvait l'aide la plus précieuse pour une réputation à faire, l'appui d'une réputation faite ; et on ne tarda pas à dire de lui ce que le Modérateur de l'Académie répétait en 1821, en répondant à son remercîment, le jour de sa réception : *Il parlait de tout avec tant de grâce, qu'on l'écoutait comme s'il eût dit des riens.*

Cependant cette tendance aux choses sérieuses, cette aptitude à en saisir le sens, à en parler la langue, n'auraient pas trouvé un exercice suffisant dans la vie privée ; elles le poussaient à la vie publique où le mouvement universel, l'exemple général le portaient en même temps. La main qui lui avait ouvert le monde des plaisirs lui ouvrit le monde des affaires, et il entra comme auditeur au Conseil d'Etat. On sait ce qu'était le Conseil d'Etat d'alors, ce qu'étaient les auditeurs. Ils n'avaient pas seulement des rapports à lire et à écrire ; ils avaient des instructions à faire connaître au loin, à faire exécuter au bout du monde.

Une de ces missions lointaines fut offerte tout à coup au jeune auditeur ; et comme cette première occasion mit en lumière la force de décision et de volonté que nous retrouverons dans toutes les autres, je m'y arrêterai un moment. C'était en 1810 : la Hollande venait d'être réunie à la France ; le roi Louis n'avait pas voulu exercer les droits de la royauté sans en accomplir les devoirs, et ce que le frère de l'Empereur avait refusé d'exécuter, les préfets de l'Empire allaient le faire. Mais la Hollande, ce n'était pas seulement ce coin de l'Europe arraché et disputé à la mer : c'était surtout ce groupe de colonies lointaines et florissantes, cette île de Java que l'Océan caresse et que le soleil inonde. Là aussi il fallait l'œil et la main des représentants du nouveau maître. Une expédition est prête : des généraux iront commander et combattre, des auditeurs observer et administrer. M. de Panat est désigné, et il n'est averti qu'au dernier moment, il n'a qu'un quart d'heure. Consulter son oncle, avertir sa mère est impossible ; accepter, c'est échanger les salons de Paris et le ciel de la France contre un climat dévorant, contre les dangers de la route et du but : il accepte. Il supportera le climat, il devinera les affaires, il franchira les difficultés. Il n'a pas la tradition, il n'a pas l'expérience, il n'a pas l'âge ; il aura la volonté. Il l'eut, et avec elle le succès dans une certaine mesure. Le vaisseau qui le portait passa et repassa, malgré les flottes anglaises, trompant les deux fois, avec le même bonheur, ces geôliers de l'Océan, ces sentinelles infatigables qui veillaient sur la mer, comme sur leur rempart. — Ils le croyaient suffisant alors ! — Il sut voir à Java, et du coup d'œil qui observe, en même temps que du regard qui admire. Sa correspondance, vive et détaillée, malgré tous les soins de ces quelques semaines où il fallut organiser la défense d'abord, improviser la retraite ensuite, sa correspondance le montre ébloui à l'aspect des chaudes merveilles de cette île du soleil, cherchant en vain quelque chose de comparable dans ses souvenirs classiques, et regrettant que le peintre de l'Elysée n'eût pu voir la réalité puissante qui éclipsait à ses yeux les rêves du poëte. Elle montre aussi comment il comprenait la vie, comment il comprenait l'amitié : « Un jour, dit-il » dans une lettre à M. Saint-Laurent, — cet homme de bien et de science, qui fut pour lui l'ami de choix, comme il fut pour ses malades le médecin de prédilection —, un jour, garde-toi d'en douter, nous se» rons réunis. Alors nous nous dirons que nous n'avons » pas été sur la terre un poids inutile. Nos jours auront » été remplis, et le passé ne nous offrira que des sou» venirs agréables pour payer le bien que nous aurons » pu faire. »

Il sut donc observer à Batavia, et à Paris il sut rendre compte, soutenir même son dire devant celui qu'on ne contredisait pas. L'on est encore frappé à distance de la réponse du jeune débutant au grand Empereur : *J'y étais, Sire, et Votre Majesté n'y était pas!*

Une autre de ces missions lointaines le conduisit à Varsovie, où l'archevêque de Malines, dont il était parent, représentait la France impériale de 1812, où, pendant que le maître allait courir à l'amoindrissement de la Russie, l'ambassadeur devait poursuivre la résurrection de la Pologne ; — but glorieux et juste qui, s'il eût été le seul, s'il eût été le vrai, eût donné un autre caractère à cette guerre; qui, s'il eût été atteint, eût montré qu'un siècle efface quelquefois les injustices du siècle précédent! — Calculer les forces qu'on avait à craindre, presser l'organisation des forces qu'on avait à espérer, enflammer les Polonais et intimider les Russes, rendre compte, avertir, prévoir, tel était le rôle à Varsovie; et bientôt il y en eut un autre au camp où l'armée autrichienne était réunie aux Saxons.

Là il fallait apprécier les intentions en même temps que les actions ; démêler ce qu'on voulait faire dans ce qu'on avait fait ; voir où aboutissait la route commencée ; juger, en un mot, le présent et pressentir l'avenir. Cette mission délicate fut donnée au jeune auditeur, et il justifia pour la seconde fois une confiance qui n'attendait pas l'âge. Il écrivait, le 3 novembre 1811 :
« Les officiers saxons sont bien éloignés d'avoir pour
» la France un attachement qui puisse donner une sécu-
» rité complète pour l'avenir ; les Allemands, en gé-
» néral, me paraissent disposés à se rallier autour d'un
» centre commun ; les petites haines qui les tiennent
» divisés céderaient peut-être au désir de former une
» grande nation ; l'Allemagne est leur idole. »

il reste des traces de ses appréciations, et elles n'ont pas échappé à l'infatigable historien qui a su faire de ses lecteurs autant de spectateurs de cette expédition gigantesque; mélange incomparable de l'extrême prospérité, et de l'extrême infortune, incomparable drame! M. de Panat l'avait vu, au premier acte, se dérouler dans toute sa splendeur, avec cette armée plus puissante et plus belle qu'aucune du passé, qu'aucune sans doute de l'avenir; il put le voir, au dernier, se dénouer dans toute sa misère. L'archevêque de Malines a peint, dans un de ses récits, ce traîneau à moitié fracassé, et soutenant une petite caisse de voiture, arrêté dans la neige à la porte d'une hôtellerie modeste, au coin d'une rue détournée de Varsovie. C'est là qu'était, sans cortége et sans garde, le chef de ces armées si longtemps victorieuses. Elles devaient le redevenir. Le soir du grand capitaine allait s'illuminer encore de la victoire; de suprêmes rayons devaient encore briller sur cette nuit des revers qu'il avait été chercher au pôle, et dont les flammes de Moscou semblèrent la sinistre aurore. Mil huit cent douze avait montré comment les plus puissantes armées se fondent et disparaissent; mil huit cent treize montra un moment comment elles se reforment; mil huit cent quatorze, comment y suppléent le génie d'un seul et l'héroïsme d'un petit nombre. Les trois années montrèrent ce qui arrive au sommet des choses humaines, lorsqu'un seul y délibère et y décide, lorsque, regardant au loin, il ne voit entre ses désirs et leur exécution, l'obstacle d'aucune résistance, d'aucun contrôle; lorsque, regardant en bas, il ne voit que la foule; elles montrèrent, en un mot, comment la faculté de tout entreprendre devient la faculté de tout perdre. Cet enseignement des événements n'échappa point, ne pouvait pas échapper à ceux qui, comme notre confrère, voyaient de près et savaient voir. Il en reçut le choc soudain, il en garda l'empreinte durable; et lorsqu'une ère nouvelle commença pour la France avec le retour de ses anciens rois, lorsqu'elle eut tout changé au haut de l'Etat, personnes et choses, il n'eut, pour se ranger aux choses, qu'à suivre la pente de ses réflexions; il n'eut, pour s'attacher aux personnes, qu'à écouter ses sentiments de famille. Le Roi et la Charte devinrent, dès le premier moment, le symbole de sa foi politique; et ce moment décida du reste de sa vie.

Les conditions qu'il réunissait, appartenant au présent par le mouvement des idées et par les fonctions qu'il avait remplies, appartenant au passé par les sentiments et par la famille qu'il continuait, le rendaient propre, ainsi que beaucoup d'autres, à aider à cette conciliation de la France ancienne et de la France nouvelle, remède espéré de nos agitations passées, gage attendu de notre repos futur. La situation où l'on était alors, et que marqua la Charte, était comme le point d'arrivée, le point de rencontre de ces routes diverses où la France s'était meurtrie et brisée, comme le point de départ d'une route commune. L'événement a prouvé que celle-là aussi avait ses dangers et ses chutes. Rien ne prouve qu'une autre aurait eu des dangers moins grands, des chutes moins prochaines; ce qu'on a pu justement déplorer, ce n'est pas la route, ce sont les obstacles qu'amena le cours des choses, et que les passions des hommes grossirent.

Il poursuivit, sous la Restauration, cette carrière de la diplomatie commencée sous l'Empire; elle le conduisit à Messine d'abord, où le roi des Deux-Siciles n'avait que la moitié de sa couronne; à Naples ensuite, à Naples alors paisible, à Naples, où la doucœur de la vie et de l'air, la beauté du climat et du sol, où tout s'harmonisait alors, où il n'y avait pas le contraste d'un cadre éblouissant et de scènes sanglantes, des faveurs du ciel et des rigueurs des hommes. Les relations des deux pays, à cette époque, ne laissaient place qu'à cette partie des fonctions du diplomate qui rend la paix féconde et les relations faciles. M. de Panat avait de plus ce qui les rend agréables ; et lorsqu'à diverses reprises l'absence de l'ambassadeur le mit en première ligne, lorsqu'il fut chargé d'affaires, la France ne cessa pas d'être dignement représentée. Naples ne cessa pas de goûter le représentant de la France. Je m'arrête à ces mots, Messieurs, cette page de la vie de notre confrère est déjà complète : celui qui l'a écrite connaissait et les faits et les lieux, et les personnes et les choses ; il a pu mesurer une influence à laquelle il avait succédé, et dire de quel poids elle avait pu être (1).

Un congé qui d'abord ne devait être qu'un entr'acte au rôle dont il s'acquittait si bien, finit par en amener le terme. Il vint à Toulouse, où ses liens d'affection et de famille le rappelaient toujours dans les intervalles libres ; et de nouveaux liens, une nouvelle affection l'y retinrent : il épousa Mlle Hocquart. Il trouva dans sa nouvelle famille ce qui rend la vie privée douce et précieuse ; il trouva en lui-même ce qui la rend utile et digne. Il évita ce piège de l'oisiveté qui s'ouvre et qui se cache sous le niveau trompeur des jours faciles, où l'on glisse par degrés, où l'on finit par tout à fait se prendre. Il se retint à ces branches diverses de l'utile que toutes les positions portent et présentent, et qu'on rencontre toujours sous sa main quand on les

---

(1) Éloge de M. de Panat, à la Société d'Agriculture, par M. de Lapasse.

cherche. Propriétaire, il s'occupa de ses champs; il allait y appliquer les méthodes dont il s'entretenait à la Société d'agriculture, confrontant ainsi la théorie à la pratique. Il eut bientôt acquis de quoi en apprécier les détails; il n'avait besoin de rien acquérir pour en juger l'ensemble et le grand côté. L'agriculture, malgré sa dépendance des temps et des lieux, quoiqu'on l'ait appelée une science de localité, a ses questions générales, et je n'ai pas besoin de montrer quels problèmes elle pose devant l'homme politique, quelles considérations elle offre à l'écrivain. Un livre récent l'aurait fait voir, si c'était nécessaire; et ce livre est un livre à part pour l'Académie. Une de ces questions générales est l'équilibre à établir entre les années que la faveur des saisons successives rend lentement fécondes, et celles que la rigueur d'un seul moment rend soudainement stériles.

Que faire pour que les intérêts actuels et les plans futurs de l'agriculture ne soient pas tout à coup bouleversés par un de ces orages qui emportent à la fois les réalités du présent et les promesses de l'avenir? M. de Panat et avec lui quelques amis eurent recours à l'association, cette puissance nouvelle; puissance bienfaisante quand elle ne tend qu'à resserrer les liens de la société, et qu'à en rendre les ressorts plus doux, les rapports plus faciles. Ils essayèrent de faire les uns pour les autres ce qu'isolément aucune compagnie n'avait encore pu faire; ils opposèrent à leurs mutuels dangers, de mutuels secours; et bientôt la grêle n'eut plus pour eux et pour leurs nombreux adhérents que des coups amortis à l'avance. Si d'autres sociétés sur un autre principe ont réussi depuis, il ne faut pas oublier que celle-là a la première résolu l'insoluble problème.

Cependant l'Académie lui réservait un de ses siéges;

elle ne pouvait négliger le fils, elle n'avait pas oublié le père ; elle n'avait pas oublié l'éclat qu'avait jeté sur la Fête et le Recueil d'une des années du siècle dernier son éloge de Clémence Isaure. Il l'y jette encore, et la comparaison qui le termine et qui est une réponse aux détracteurs de notre illustre Restauratrice, a conservé toute sa fraîcheur. Le digne fils du spirituel panégyriste fut reçu le 15 mai 1821. Bien peu de ses confrères des derniers jours furent de ses confrères des premiers, et ils ne jouirent pas de son concours avec la même suite que nous.

De nouvelles fonctions, nouvelles par un côté, par un autre se rapprochant des anciennes ; sorte de transition et de pierre d'attente, l'appelèrent à Bayonne. A cette époque où l'armée qui avait franchi les Pyrénées, ne les avait pas en entier repassées, où l'Espagne reportait à la France le bienfait de l'ordre, légitime conquête, digne présent à un allié, digne prix du courage de nos soldats, la sous-préfecture de Bayonne n'était pas seulement ouverte aux affaires intérieures, elle avait un jour sur la politique extérieure. Le coup d'œil du secrétaire d'ambassade ne fut donc pas inutile aux appréciations du sous-préfet, et le souvenir de ses anciennes fonctions servit à agrandir les nouvelles ; ce fut aussi un legs précieux du passé que la connaissance des personnes et des choses, que l'art de traiter les unes et de traiter avec les autres ; que l'esprit du monde uni à l'esprit des affaires ; il plaisait avec l'un, il administrait avec l'autre. Bientôt la préfecture du Cantal vint offrir à ces qualités de l'administrateur un théâtre moins disproportionné. Les fonctions de Préfet sous un gouvernement représentatif, sous un gouvernement libre, ont un côté délicat et difficile, l'action à exercer sur l'opinion. Rendre cette action salutaire et honorable des deux parts, la rendre profitable, non-seulement au jeu actuel des ressorts, mais à leur jeu futur ; pour cela s'adresser à la raison encore plus qu'à l'intérêt ; inspirer plutôt qu'imposer ; conquérir des adhésions et non acquérir des suffrages, — tel peut être le mode, tel peut être le but ; M. de Panat avait ce qu'il faut pour l'atteindre. On trouvait chez le Préfet du Cantal tout ce qui motive l'influence et la fait accepter : dans son cabinet, un accueil facile, une attention qui ne se lassait pas, mais qui n'avait besoin que de quelques mots ; dans son salon, une conversation animée où les hôtes du soir goûtaient dans les appréciations générales les dons appliqués le matin aux questions particulières. L'homme d'esprit faisait à la fois ressortir et oublier l'homme du gouvernement ; il avait su mettre l'autorité de sa parole au-dessus de l'autorité de ses fonctions.

Mais déjà une autre phase de la vie publique venait de commencer pour lui avec sa 40ᵉ année : les électeurs du Gers, que la barrière de l'âge avait jusque-là retenus, l'envoyèrent à la Chambre.

On était à la fin de 1827, à un moment critique. Le ministère le plus long qu'ait eu la Restauration venait d'être renversé, et les difficultés de la route à continuer ou à détourner, commençaient à faire comprendre, même aux mal disposés, ce qu'était le guide qui avait fait parcourir à la France six années de prospérité et de liberté. Les années suivantes le montrèrent de plus en plus. Elles furent une suite d'essais que la bonne volonté et le talent ne purent faire aboutir, que la vivacité de l'attaque d'un côté, le peu d'appui de l'autre firent échouer ; une lutte ardente, animée ici par l'espoir, là par la crainte, vainement refroidie par la modération ; une longue attente, pleine d'anxiété alors, d'enseignements aujourd'hui. Oh !

ceux qui y prirent la même part que M. de Panat, qui dans l'enceinte qu'avaient tracée à la fois la main des événements et la main de nos rois, et où sur les anciens fondements s'élevaient les constructions nouvelles, ceux qui là luttaient et veillaient disant aux uns : *Entrez, c'est la fortune de la France!* aux autres : *Restez, c'est son asile!* n'ont pas eu à regretter le choix de leur poste ni l'emploi de leurs efforts. Efforts inutiles! elle vint la crise décisive où un seul moment pesa plus d'une part que des années de modération et de sagesse, et fit plus de l'autre que de longs jours de mauvais vouloir et de pensées ennemies; où, entre les deux extrêmes, dans le grand nombre, tout l'espace gagné vers la bonne intelligence et l'union fut soudainement perdu! Qu'allait faire M. de Panat? Il voyait le fait l'emporter sur le droit, la passion sur la raison, comme la témérité l'avait emporté sur la prudence. Il voyait à terre le seul édifice où, selon lui, le présent et le passé, l'ordre et la liberté pouvaient se rencontrer et vivre. Mais ne restait-il pas quelque chose à sauver du naufrage? au-dessus de l'intérêt particulier des emplois à garder, n'y avait-il pas l'intérêt général des principes et des idées à conserver? Il quitta Paris et l'Auvergne; il revint à Toulouse.

C'était la seconde interruption à sa carrière publique, et cette fois c'était la terre qui avait tremblé et qui avait effondré la route devant lui. Peut-être, entre les facultés qui nous sont une ressource et un appui contre le choc des événements, celle de donner la vie à ses paroles, d'en réchauffer tout autour de soi, n'est pas la moins secourable; peut-être les diversions de la conversation ne sont pas les moins puissantes. N'a-t-elle pas comme des voiles pour le passé, comme des jours sur l'avenir, comme un courant qui relève et qui porte? M. de Panat l'éprouvait sans doute en le faisant éprouver aux autres. Il n'était pas de ceux qui se prodiguent à Paris, et qui se ménagent en province. A Toulouse comme à Paris, chez lui comme chez les autres, il était le causeur brillant qu'on recherchait, qu'on se plaisait à recevoir, qu'on se souvenait d'avoir reçu. Bien des paroles s'étaient échangées, bien des visites s'étaient succédé : c'était la sienne qu'on avait eue; le mot qui restait était celui qu'il avait dit. Il rapporta donc toute sa verve à Toulouse, et son activité comme sa verve; on la mit bientôt à l'épreuve : la Société d'agriculture le choisit comme Président, l'Académie comme Secrétaire perpétuel.

Ici, Messieurs, mon rôle deviendrait trop difficile, si je n'avais que mes paroles, si je n'avais vos souvenirs en même temps que les miens. Souvenirs précieux et vivants ! Il me semble le voir dans nos rapports intimes, dans la partie secrète des Jeux, l'esprit toujours ouvert au mérite de l'ouvrage, l'oreille toujours fermée au nom de l'auteur; aussi attentif à maintenir les voiles dont notre règlement enveloppe les noms, qu'à soulever ceux qui peuvent cacher la portée d'une phrase ou le sens d'un vers; il me semble l'entendre dans nos séances publiques.

Pendant vingt-cinq ans, sauf les années où le 3 mai le trouvait à la Chambre, ses rapports se succédèrent sans se ressembler et sans se nuire, analyse toujours animée, même quand l'œuvre était languissante, travail toujours irréprochable sur un texte souvent défectueux; offrant à l'Académie, dans le mérite du jugement, une sorte de revanche, quand il en fallait une, de ce qui pouvait manquer au mérite de l'ouvrage jugé; offrant au public l'attrait d'un plaisir toujours certain : on n'était pas sûr de la poésie du lauréat, on était sûr de la prose du Rapporteur. Il y a deux manières de rendre compte : on peut s'occuper du sujet d'abord, de ce qu'il contient et de ce qu'il inspire, et chercher dans ce que l'ouvrage aurait pu être la mesure de ce qu'il est ; on peut chercher tout de suite dans l'ouvrage lui-même, aborder tout de suite défauts et qualités. La première est plus personnelle, plus indépendante des ouvrages ; la deuxième s'y associe mieux et est plus propre à les classer : ce fut celle de M. de Panat. Je crois, je devrais dire à l'Académie j'avoue qu'elle est la meilleure. Elle va plus directement au but ; elle y arrive plus vite. M. de Panat y marchait sans se préoccuper de la route, et la franchise de l'allure était une garantie de la franchise du point de départ. Il jugeait en public comme il avait jugé en secret, sans calculer comment on jugerait le juge ; il était, en un mot, dans la séance publique, ce qu'il avait été dans les séances particulières, ou plutôt il était à l'Académie ce qu'il était partout : aussi j'aurais peint l'Académicien et le Rapporteur, si j'avais peint l'homme de tous les jours ; l'homme d'esprit, car c'était l'homme d'esprit plutôt que l'homme de lettres qu'il fallait chercher en lui.

Il avait un style pourtant. Comment n'en aurait-il pas eu ? Le style, n'est-ce pas la physionomie de la pensée ? Et la physionomie ne pouvait manquer à sa pensée, parlée ou écrite ; ses traits en avaient une si vive ! Elle préparait à l'avance à ce qu'on allait entendre, et dans son regard s'allumait le feu qui allait briller. Il avait cette promptitude d'esprit qui saisit vite, et cette netteté d'expression qui traduit à l'instant. En même temps que la pénétration qui devance, il avait la mémoire qui rappelle, et fort ainsi de ce qu'il devinait et de ce qu'il savait, il allait dans la conversation relevant le gant ou le jetant, en mesure pour les choses sérieuses comme pour les choses frivoles, également prompt à renvoyer le trait ou à le lancer. Ces mots, *esprit argent comptant*, répondaient, chez lui, à une réalité sensible, et dans ces échanges, dans cette partie animée où chacun doit apporter sa mise, mais où nul ne l'apportait plus riche, s'il mettait en jeu des valeurs diverses, tout, souvenir, citation, anecdote, était toujours marqué à son coin ; il restait original, même avec l'esprit des autres : la note s'enchâssait dans le texte, le vers s'encadrait dans la prose. Les sujets légers avaient leur mot brillant ; les sujets graves, leur mot technique ; il savait abréger, il savait éclaircir ; et souvent, sous le charme de cette parole vive et prompte, de cet esprit pour lequel les affaires n'avaient pas de secret, je me suis demandé, plusieurs ont dû se demander comme moi, pourquoi il n'avait pas pris à la tribune la place qui lui semblait réservée. Peut-être n'y a-t-il pas la même conformité, qu'il le semble d'abord, entre les qualités qui font dans un salon le causeur brillant, et celles qui font à la tribune le brillant orateur. La source, quoique la même, a un cours, doit avoir un cours différent. L'homme de salon doit provoquer et favoriser l'essor des autres ; c'est un échange. L'homme de tribune doit le prévenir et l'arrêter ; c'est un combat. L'un doit ménager à ceux qui l'écoutent l'occasion et la place ; l'autre doit les leur ôter, doit les leur prendre. Il faut à l'un des phrases isolées, qui permettent d'interrompre ; il faut à l'autre des phrases enchaînées qui forcent de suivre : à celui-ci, des étincelles par intervalle ; à celui-là, une flamme continue. Le premier doit se contenter de la phrase, du mot, renfermer sa pensée dans le présent ; le second doit la faire déborder dans l'avenir et mettre dans ce qu'il dit le germe de ce qu'il va dire. Aussi les habitudes que prend l'esprit dans l'une de ces voies, sur l'un de ces théâtres, et qu'il apporte naturellement sur l'autre, peuvent là ne lui pas servir, peuvent même lui être un obstacle. Oui, peut-être est-ce un obstacle plutôt qu'un moyen, que ces traits qui illuminent la phrase actuelle, mais qui éteignent la phrase suivante, que ces mots qui résument mais qui arrêtent; peut-être, chez M. de Panat, le causeur avait-il trop devancé, trop attendu l'orateur; peut-être la tribune s'était-elle ouverte trop tard. Il ne chercha pas à y marquer sa place dans la première période de sa législature, en 1827; il ne le chercha pas davantage dans la seconde, après 1830 : soit le sentiment que j'indiquais que la Chambre ne s'était pas ouverte assez tôt, soit cette exigence que les esprits supérieurs ont pour eux-mêmes, et qui les arrête sur le seuil de la route lorsqu'ils n'ont pas la certitude de la parcourir dans toute son étendue, et jusqu'à sa plus grande hauteur.

Mais si ces motifs, ou d'autres, l'empêchèrent de rechercher le rôle brillant, rien ne l'empêcha, n'aurait pu l'empêcher de s'acquitter du rôle utile. Il y a, ou plutôt il y avait dans le palais de la Chambre un lieu où ne pénétraient pas les curieux, dont le public ne s'occupait pas, mais où l'on s'occupait du public et de ses intérêts; c'était la salle de la Commission du budget. On faisait là, pour les ressources de la France, ce que fait l'ingénieur pour les eaux qu'il rassemble et qu'il distribue, qui féconderont ou qui laisseront à sec, selon que l'aménagement et la distribution en auront été habiles. L'équilibre n'aura pas été bien calculé, s'il faut une inondation pour le rétablir, si le service ordinaire de tous les ans est mesuré sur les pluies de hasard d'une année extraordinaire. C'est là que M. de Panat s'établit en quelque sorte, lorsque les électeurs du Gers le nommèrent après 1830; c'est là que la confiance de ses collègues l'envoyait cha-

que année. Il y employait tout son temps, toute
son attention à comparer ressources et besoins, voies
et moyens, réclamant le maintien des proportions,
le maintien de l'équilibre, contribuant à éclairer
les questions de la double lumière de la pénétration
et de l'expérience, apportant à l'examen la facilité
de sa compréhension, à la discussion la facilité de
sa parole. Un des princes de la tribune disait, après
l'avoir entendu dans une de ces occasions : « On
ne parle pas mieux. » Il trouva là l'emploi profitable
de son temps, et il y fit ses preuves : elles lui assurè-
rent dans la Chambre une position digne de lui. Bien-
veillant envers les personnes, s'associant aux travaux
sans pousser l'association plus loin, à la fois membre
éprouvé de l'opposition et membre utile des bureaux,
il eut l'affection de ceux près de qui il siégeait ; il eut
l'estime de tous.

Il assista ainsi à cette seconde épreuve du gouvernement représentatif, commencée dans l'orage, et finie
dans l'orage encore, dans le même orage : phase mêlée
de contrastes, où l'agitation des premiers temps n'eut
que des menaces vaines, le calme des derniers que
des promesses trompeuses ; longue lutte entre ceux
qui voulaient tirer toutes les conséquences et ceux qui
voulaient les limiter, et qui déployèrent tant de courage et d'éloquence pour échapper aux entraînements
du point de départ, aux attractions du point d'arrivée.
Mais il n'assista pas à l'arrivée brusque, à cette brusque
rencontre de l'écueil qui se dresse et de la barque qui se
brise. Il était à Toulouse quand éclata le coup de ton-
nerre de février ; mais il n'en jugea pas moins, comme
ses anciens collègues, les nouveaux devoirs qu'impo-
saient la forme du gouvernement et le cours impérieux
des choses. La république était venue si vite, son avé-
nement avait coûté si peu d'efforts, qu'elle ne pouvait

être la conquête de personne; elle devait être le règne de tout le monde. Tout le monde fut appelé, et chacun dut répondre ; c'était de chacun qu'il s'agissait: Chacun avait son enjeu dans l'immense partie dont on ne connaissait que le nom, dont on ne pouvait ni prévoir ni limiter les combinaisons diverses, dont on ignorait le terme. M. de Panat fut de ceux qui, dans cette incertitude, dans ce chaos, virent un point clair, la société à défendre; virent un point fixe, le même but, — le but des soixante années précédentes, l'ordre et la liberté, — à poursuivre encore, à poursuivre sur la route nouvelle tant que ce serait possible, à chercher ailleurs, l'impossibilité démontrée. Il était dans ces dispositions, quand il fut envoyé à l'Assemblée nationale par ses concitoyens du Gers : leur confiance ne pouvait lui manquer dans ces graves circonstances; elle ne lui avait manqué dans aucune. Elle lui avait donné au Conseil général une place toujours conservée et toujours la même, toujours la première : la présidence y avait en quelque sorte cessé d'être élective, tant les avantages d'une direction qui savait toujours marquer le but et le rapprocher, d'une expérience qui ne faisait jamais défaut, avait rendu sa nomination naturelle. Il arriva à l'Assemblée la veille de cette victoire qui fut la véritable victoire, la victoire difficile de l'ordre, la veille des journées de juin. L'histoire de ces trois années n'est pas faite; je n'essaierai pas de l'esquisser; je n'essaierai pas de rouvrir cette enceinte fermée, et d'y réveiller l'écho de tant de discours éloquents qui furent des actions courageuses. Je me renfermerai dans l'enceinte plus étroite de la questure. M. de Panat montra que les fonctions s'élargissent par la manière de les comprendre et de les exercer, qu'on peut poursuivre un but élevé dans toutes; et d'ailleurs il est vrai que les fonctions de questeur ont une autre importance dans les assemblées souveraines que dans les assemblées ordinaires, une importance qui augmentait encore dans un temps où la grande question, la question qui contenait l'avenir de la France, était de se concilier et de s'entendre.

M. de Panat avait appartenu à l'opposition dans la Chambre des députés, et il avait été fidèle à la mesure qu'elle doit garder, fidèle aux devoirs qu'elle impose, car elle aussi a les siens ; il appartint à la majorité dans l'Assemblée Législative, et il fut fidèle de même aux devoirs de la majorité ; il en partagea les idées, il en soutint les droits ; il signa, comme ses deux collègues, la proposition qui avait pour objet de les sauvegarder ; et lorsqu'au matin du deux décembre, il se réveilla libre aux mêmes lieux où ses deux collègues n'étaient plus, sa liberté lui sembla une injustice ; il était sûr de ne l'avoir pas méritée. Il revint à Toulouse ; il y revint toujours le même, tel en 1851 qu'en 1830, aussi zélé pour les choses moindres qu'il l'avait été pour les choses plus grandes, s'occupant des comptes de l'assurance de la grêle et du budget modeste de l'Académie, comme il s'était occupé des comptes de l'Assemblée à la questure, et du budget de la France à la Chambre.

J'ai dit ce qu'avaient été le diplomate, l'administrateur, le député, ce qu'étaient l'académicien, l'homme du monde ; il me reste à dire ce qu'était le père de famille. Mais j'hésite devant ce que je dois rappeler ; j'hésite au souvenir de toutes ces blessures qui le frappèrent, au tableau que nous avons tous vu. Le père était là, les enfants n'y étaient plus ! A des âges divers, dans des lieux séparés, par des causes différentes, ses fils, ses filles, tous avaient disparu. Ses filles ! Il en avait perdu deux, à cet âge qui n'a que des regards joyeux, que des mots caressants, où un enfant qui manque à une famille, c'est une fleur qui tombe, un sourire qui s'efface; et la troisième, devenue épouse, devenue mère, est enlevée à un mari qu'elle rendait heureux, à un enfant qu'elle eût rendu bon et aimable comme elle. Les fils! il les avait élevés, il les avait instruits, tour à tour professeur, répétiteur, jusque dans son cabinet de travail, jusque dans sa voiture de voyage : et l'un qui suivait sur les mers les exemples de ses ancêtres, meurt sous un autre ciel, dans un autre hémisphère; l'autre, dont la saine jeunesse avait promis un long avenir, après quelques mois d'un climat plus égal, d'un air plus doux, revient mourir au foyer domestique. Ce fut l'épreuve suprême, l'épreuve incomparable; elle le fut par les douleurs, elle le fut par les consolations. Ah! qui a pu approcher de ce lit où la souffrance succédait à la souffrance, mais en même temps le courage au courage, la foi à la foi; où les forces s'épuisaient, où la résignation et la sérénité ne s'épuisaient pas; qui a pu voir ce front que l'approche de la mort pâlissait, mais que l'approche de la vie illuminait; qui a pu entendre cette voix s'éteignant dans la faiblesse, mais se rallumant dans l'espérance, et prenant pour dernières paroles les premiers mots du cantique d'action de grâce; et qui peut ne pas l'entendre, ne pas le voir encore? ne pas voir en même temps auprès du fils les parents; les parents partageant l'épreuve, mais ne pouvant partager le calme? Courage, ô mère qui n'avez plus de filles, ô père qui allez ne plus avoir de fils! qui n'avez pas vu mourir le premier, qui voyez la mort maintenant sur le front du dernier! Courage, ô vous qui avez tout perdu et qui allez tout perdre! Vous n'avez rien perdu, vous ne pouvez rien perdre! l'immortalité est là!

Il l'y avait vue, et c'est ce qui le soutint dans les jours qui lui restaient, ce qui l'amena à ce désintéressement de lui-même dont on était frappé quand on venait près de lui, quand on l'entendait parler de sa santé, du dénouement infaillible et prochain. Il semblait que ce qui était accompli pour le fils, le fût en quelque sorte pour le père, que les angoisses des deux passages eussent été épuisées en une seule fois. Il semblait que le fils eût laissé le père dans la sphère où il était lui-même aux derniers temps, où l'avaient porté d'abord des exemples et des idées plus propres à sa génération qu'aux générations précédentes, et où la sainte résignation des longs jours de sa maladie avait fini par le faire monter.

Cette dernière phase de la vie de notre Confrère a eu des traits si marqués, que je ne puis m'empêcher de m'y arrêter. Il était désintéressé des jours qui lui restaient ; il avait tant survécu ! aux choses comme aux personnes, à un ordre qu'il avait cru durable, à des idées qu'il avait crues salutaires, et dont l'application semblait écartée de l'avenir. Les ruines dans le monde moral ne sont pas moins tristes que les ruines dans le monde physique. C'est une douleur, vive entre les douleurs, que de voir les idées et les opinions se décomposer et se dissoudre, et s'évanouir avec elles ce qu'elles avaient fondé ; que de voir s'effacer la voie qu'on avait suivie, que les vôtres auraient suivie à leur tour, où ils auraient trouvé vos traces pour guider et raffermir les leurs. L'héritage qu'on voulait abolir dans le domaine des choses visibles semble quelquefois avoir été aboli dans une autre sphère ; et nous qui avons pensé, qui avons senti durant les soixante dernières années de construction et de destruction successives, il y a eu des moments où nous avons pu croire que nous n'aurions rien à transmettre.

Mais, détaché qu'il était de lui-même, il ne l'était pas des autres ni de ses devoirs. Il trouvait pour les accomplir une force qu'on ne lui soupçonnait pas. Il avait eu de bonne heure cette volonté courageuse qui mesure plutôt ce qu'on doit faire que ce qu'on peut faire, et pour qui le temps et la santé, les circonstances intérieures et extérieures sont des accessoires dont on ne tient pas compte. Il l'avait encore; et l'esprit faisait vivre le corps, le forçait encore à obéir. Au dedans, il n'avait abdiqué aucun des soins du père de famille; il réglait encore les affaires, il s'occupait encore de ses petits-enfants, de cette génération nouvelle qui, l'esprit prompt et l'intelligence précoce, semblait se hâter, pour réparer l'irréparable vide, se hâter vers l'échelon qui manquait. Le grand-père faisait de nouveau ce qu'avait fait le père : il était redevenu instituteur; il corrigeait les thèmes, il redressait les versions.

Au dehors, sa pensée l'associait aux événements de ce monde politique où il n'était plus que spectateur, mais non spectateur indifférent. Elle le porta plus d'une fois vers cette Italie qu'il connaissait, où il avait vu les jours paisibles du trône relevé de Pie VII, où il suivait avec anxiété les jours troublés de son successeur. Il tressaillit au nom de l'héroïque chef qui parut apporter à la Rome des Papes quelque chose de la Rome des guerriers; au pas des Français qui le suivirent, jeune milice où sembla refleurir un moment le dévouement chevaleresque des jours d'autrefois; — à qui il semblait dû de faire l'impossible, à qui du moins il fut donné plus tard de rendre la défaite glorieuse. Peut-être le cœur du père se retrouvait-il dans ces émotions, peut-être songeait-il que les sentiments, les idées de ces jeunes hommes étaient les idées, les sentiments de son fils, que quelques-uns l'avaient connu, l'avaient aimé.

Plus près de lui, elle le reportait vers cette ville

dont il n'avait jamais cessé d'être un citoyen utile, représenté qu'il y était toujours, dans sa vieillesse comme dans ses absences, par le bien qu'il y avait organisé ; vers ce monde qui, la veille encore, l'écoutait et le goûtait ; elle le reportait vers vous, Messieurs, et l'associait à vos travaux. Il se réjouissait et s'affligeait avec vous ; et lorsque M. de Limairac nous eut été enlevé, lorsque fut venu le jour suprême qui couronna par le courage et la foi du dernier moment la foi et le courage des longs jours d'un long supplice, il retrouva la jeunesse du cœur pour admirer la foi et le courage, pour pleurer et regretter la mort. Il fit plus, — et ici une comparaison redoutable m'arrêterait, si je n'étais sûr de trouver de la douceur dans ce qu'elle a de périlleux même, — il fit plus : M. de Limairac avait été Secrétaire de la Société d'Agriculture ; il lui sembla que cette fraternité de fonctions lui imposait une tâche particulière. Rien ne put l'empêcher de la remplir : ni cette faiblesse générale du corps qui le tenait couché et ne lui permettait pas d'écrire, ni cette faiblesse particulière des yeux qui ne lui permettait pas de lire. Il écoutait ce qu'une affection attentive et éclairée avait recueilli pour lui ; il écoutait ses souvenirs; et de ce lit d'où il ne devait pas se relever, du seuil de ce monde où il allait entrer, du seuil de l'avenir, il se retournait vers le monde qu'il allait quitter, vers le passé, pour y voir ce qu'un autre avait fait, ce qu'avait senti, ce qu'avait pensé un ami. Il se ranimait pour le dire, pour lui rendre, en le disant, une justice qui semblait emprunter du moment où il la lui rendait quelque chose de plus décisif et de plus solennel. Il se hâtait, comme s'il eût senti que sa vie était mesurée à sa tâche, et elle le fut en effet : la vie et la tâche arrivèrent à leur terme le même jour, à la même heure ; et pendant qu'une voix amie lisait à la Société d'Agriculture ce qu'il avait dicté, la sienne s'éteignait pour toujours. Concours expressif! Ces pages, dans un pareil moment, ne disaient pas seulement ce qu'était celui qui en était l'objet ; elles disaient ce qu'était celui qui en était l'auteur. Les avoir composées dans l'état où était notre Confrère, s'être, dans un pareil moment, occupé de la vie d'un autre, était un trait de la sienne ; et la Société d'Agriculture put, en quelque sorte, entendre et recueillir dans l'éloge de son Secrétaire l'éloge de son Président.

Ainsi, Messieurs, il fut jusqu'à la fin ce qu'il avait été dès le commencement, et cette activité, cette virilité morale qui avait marqué tous ses pas, même dans les voies ordinaires de la famille et du monde, marqua encore le dernier. Il montra que l'unité qu'on ne trouve plus autour de soi, on peut la trouver en soi-même, et que s'il n'y a plus la continuité de la route, il peut y avoir la continuité de la marche. Il eut des charges diverses ; il eut la même manière de les remplir. Toutes ces tâches semblèrent n'en faire qu'une ; et lorsque la dernière, celle qu'il s'était donnée sans consulter ses forces, fut achevée, lorsqu'il sentit que le moment suprême était arrivé, et qu'il se recueillit dans un dernier adieu, dans une dernière prière, il aurait pu, si sa pensée, qui était dans l'avenir, s'était reportée vers le passé, il aurait pu dire, lui aussi : *J'ai fait mon devoir* (1).

Et vous, Monsieur (2), c'est dans l'unité d'une seule carrière que vous avez acquis, que vous acquérez tous les jours le droit à ce témoignage suprême, le plus di-

---

(1) Paroles d'un des derniers Présidents des Etats-Unis à son lit de mort.
(2) M. François Sacase, nommé Mainteneur.

gne couronnement d'une vie pleine. Vous avez soigneusement étendu et renforcé par l'étude l'appui que le savoir prête à la conscience, les lumières qu'il ajoute à ses clartés dans cette voie difficile : la recherche du juste ; et à cette recherche vous en avez mêlé une autre, qui n'est différente qu'en apparence. Le juste et le beau sont deux rayons du même foyer ; le goût du beau, la conscience du juste sont deux attraits, deux forces de même nature ; loin de se combattre, elles s'entr'aident. L'Académie en a eu de fréquentes preuves ; elle savait, en vous nommant, Monsieur, qu'elle allait en avoir une de plus.

Toulouse, Imprimerie de Charles DOULADOURE.

www.ingramcontent.com/pod-product-compliance
Lightning Source LLC
Chambersburg PA
CBHW060609050426
42451CB00011B/2169